Hallo, liebe Holz- und Herbst-Fans!

Massives Holz, Sperrholz und Farbe sind die Grundlagen für schöne Dinge aus Holz, für deren Herstellung keine besonderen Fertigkeiten im Umgang mit komplizierten Holzbearbeitungsmaschinen erforderlich sind. Eine einfache Stichsäge, eine Laubsäge und ein wenig Schleifpapier sind notwendig; eine Kappsäge, Bandsäge und Dekupiersäge wären schon Luxus.

Keiner braucht Bedenken zu haben, wenn an den Dingen, die in diesem Buch beschrieben werden, Ecken und Kanten dran bleiben. Den Frauen, die meistens diejenigen sind, die gerne schöne Dinge am und im Haus haben und die ihre Männer nicht zur Mithilfe überzeugen können, sei gesagt: Bohrmaschinen ziehen die Benutzerin nicht mit ins Loch!

Also, keine Angst vor den lauten und schmutzigen Arbeitsgeräten aus der Werkstatt des Mannes und ran ans Holz!

Viel Spaß und Erfolg wünscht

Martina Hertel

Vielseidig Verlag

Werkzeuge - Hilfsmittel und ihr Einsatz

Wer im Keller keine Stichsäge findet und sich eine anschaffen will: Massives Holz in der Stärke bis 18/19 mm wird von einer einfachen Stichsäge, auch ohne Pendelhub, gut durchtrennt. Die Stichsäge mit normal breitem Sägeblatt wurde in diesem Buch für alle kurvigen Teile benutzt. Wer keine Kappsäge hat, kann auch die geraden Teile mit der Stichsäge bewältigen.
Die kleinen Teile können alle mit der Laubsäge bearbeitet werden. 4-Millimeter-Sperrholz ist für eine Handlaubsäge ein Kinderspiel; eine kleine elektrische Dekupiersäge macht süchtig nach mehr. Grobes Schleifpapier (60er oder 80er Körnung) entfernt die Ausrissfasern, die an den unteren Kanten des Sperrholzes und des Massivholzes beim Sägen entstehen.

Ein Akkubohrschrauber, zwischen 10 und 14 Volt stark, ist ein Geschenk für denjenigen, der pro Tag mehr als 10 Löcher bohrt und mehr als 10 Schrauben schraubt. Ansonsten genügt auch ein Handbohrer und ein Schraubenzieher. Holz lässt sich aber auch mit Nägeln verbinden oder kleben. Geschraubt ist aber haltbarer!
3,5er oder 4er Holzschrauben in den Längen 30 mm und 50 mm lassen sich gut verwenden. Verwenden Sie zum Vorbohren einen Holzbohrer der Stärke 3. Für z. B. die Einfluglöcher der Meisennistkästen ist eine Lochsäge für den Bohrschrauber mit einem Bohrkranz von 32 mm Durchmesser erforderlich. Für die Befestigung der Sperrholzteile werden kleine Nägel verwendet.

Draht verbindet und schmückt: Verwenden Sie Steckdraht aus dem Floristenbedarf; er ist ca. einen Millimeter dick, blau geglüht, ca. 35 cm lang und als Bund auch im Baumarkt erhältlich. Er ist stabil und rostet dekorativ, außerdem lässt er sich wunderbar über einem Bleistift zu einer Spirale biegen! Vielleicht können Sie kleine Mengen bei Ihrer Blumenfrau schnorren.

Einen Bleistift benötigt man auch zum Durchpausen vom Vorlagenbogen auf Transparentpapier. Legen Sie dann das Transparentpapier zusammen mit einem Blaupapier auf das Holz und ziehen Sie alle Striche nach.

Der Handtacker fixiert z. B. von hinten die flexiblen kleinen Holzteile am Draht. Mit Heißkleber sichert man Holzteile gegen Verrutschen vor dem Schrauben oder Nageln.

Einen breiten flachen, einen schmalen flachen und einen feinen Pinsel für Acryl-Farbe sollten Sie sich leisten. Für die großen Flächen findet man bei sich daheim bestimmt einen ganz brauchbaren Pinsel. Lackstifte in wasserfester Ausführung, fein und mittel, wurden für den Auftrag der Schriften verwendet. Kleine Punkte oder Bienchen lassen sich damit schnell malen, weil die Farbe der Lackstifte schnell trocknet. Feine Striche sind mit dem Stift leichter zu führen als mit dem Pinsel.

Material

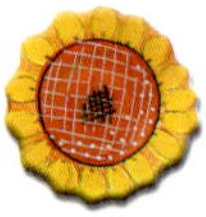

In nahezu jedem Baumarkt gibt es inzwischen Bastelsperrholz zu kaufen. Viele Baumärkte haben als Service in der Holzabteilung den „Zuschnitt“, dort kann man nach günstigen Resten fragen. Für die Kleinteile wurde 4-mm- oder 8-mm-Pappelsperrholz mit sehr glatter Oberfläche benutzt. Ebenfalls im Baumarkt gibt es in der Holzabteilung Massivholzbretter in den Stärken von 18 bzw. 19 Millimetern, oft in verschiedenen Längen. Verwenden Sie 120 und 140 Millimeter breite Fichtenbretter, auch Konstruktionsholz genannt. Die Breite der Bretter bedingt die Maße des Werkstücks, so spart man sich manchen Schnitt. Für z. B. die große Sonnenblume oder die Kürbiskatze wurde Kiefer- oder Fichtenleimholz von 20 cm bis 30 cm Breite verwendet, da es massive Bretter in der Breite meist nicht mehr gibt. Dachlatten sind in verschiedenen Ausführungen erhältlich. Verwendet wurde die zierlichere Variante von ca. 3,6 x 1,9 Zentimetern. Aber auch stämmigere Latten können verwendet werden.

Farbe für Holz wäre ein Kapitel für sich. Ratsam ist es, wasserfeste Acryl-Bastelfarbe in matten Ausführungen in den Farben Karminrot, Ultramarinblau, Goldgelb, zusätzlich Weiß und Schwarz zu verwenden. Daraus lassen sich alle Farbnuancen mischen. Natürlich kann man sich ein schönes Grün oder Orange zusätzlich leisten: Im Herbst sind das ja die Hauptfarben.

Kürbisrabe

Farben: Schwarz, Orange, Goldgelb, Karminrot, weiße u. schwarze Lackstifte

Material: Massivholzbrett, ca. 140 mm breit, Leimholz, 200 mm breit, Dachlattenstücke, ein Strohhut, Durchmesser ca. 18 cm, Bast in Grün oder Natur, Sperrholz, 8 mm (für Schnabel), 2 Holzschrauben 3,5 x 30 mm, 3 Holzschrauben 3,5/4 x 50 mm, Nägel, Tackerklammern, 8 mm

Aus dem 14-cm-Brett werden Flügel, Kopf und Fuß ausgesägt. Der Körper wird aus dem Leimholz herausgeschnitten. Zwei Dachlattenstücke ergeben die Beine.
Den Schnabel sägen Sie aus 8-mm-Sperrholz aus.

Flügel und Kopf werden beidseitig mit Schwarz bemalt; der Körper nur an den Schnittflächen und hinten. Beine, Fuß und Schnabel werden goldgelb. Den Kürbisbauch des Raben bemalen Sie flächig in Rot. Lassen Sie die Farbe trocknen und malen Sie in Gelb die typischen Rippen des Kürbisses auf. Zwischen den Rippen verwischen Sie die harten Übergänge mit Orange, die „tiefen" Kerben bleiben Karminrot. Nach erneutem Trocknen bringen Sie die Schrift an.

Verbinden Sie von hinten Flügel, Körper und Kopf mit einer langen 50-mm-Schraube.
Die Beine werden mit 30-mm-Schrauben von hinten am Rumpf befestigt; die Füße kriegen Halt durch 50-mm-Schrauben von unten durch die Sohle in die Beine.
Den Schnabel befestigen Sie mit Heißkleber am Kopf und fixieren ihn mit einem Nagel.
Die Frisur entsteht durch ein paar Bastfäden unter dem Strohhut, der festgetackert werden muss.

Augen, Mund und die Schrift werden mit den Lackstiften aufgetragen.

... weiter nächste Seite

WILLKOMMEN

Kürbisrabe

Beschreibung auf Seite 5

Jeanshosen-Rabe

Farben: Schwarz, Goldgelb, Ultramarinblau, weiße u. schwarze Lackstifte
Karminrot, Orange, Maigrün (für Kürbisknöpfe)

Material: Massivholzbrett, ca. 140 mm breit, Leimholz, 200 mm breit,
Dachlattenstücke, ein Strohhut, Durchmesser ca. 18 cm,
Bast in Orange o. Natur, Sperrholz, 8 mm (für Schnabel),
Sperrholz, 4 mm (für Kürbisknöpfe), 2 Holzschrauben 3,5 x 30 mm,
3 Holzschrauben 3,5/4 x 50 mm, Nägel, Jeansstoff (alte Jeans),
Bastelkleber, Herbstliches Band, Stückchen Sackrupfen o. ä.,
Tackerklammern, 8 mm

Baugleich zum Kürbisraben entsteht der Jeanshosen-Rabe.

Der Bauch wird blau bemalt und mit dem Stoff von einer alten Jeans beklebt. Ein schönes herbstliches Band fungiert als Gürtel und Hosenträger. Als Knöpfe halten zwei aufgeklebte kleine Kürbisse her, bemalt mit Knopflöchern und Faden. Eine Krawatte aus orangefarbenem Bast ziert den Hals.

Ein Rest aus Sackrupfen oder ähnlichem ergibt einen Flicken.

Nistkasten „Bitte Ruhe“

Farben: Schwarz, Weiß, Ultramarinblau, Goldgelb, schwarze und weiße Lackstifte

Material: Massivholzbretter, ca. 120 und 140 mm breit, 20 Holzschrauben, 3,5 x 30 mm , Sperrholz, 4 mm, Dachlattenstücke, Zweigstück (fürs Schild), Bilderklappöse zum Aufhängen, Tackerklammern, 4 mm, Steckdraht, Nägel

Beim fertig zusammengebauten Holzkasten (siehe Detailzeichnung auf Vorlagenbogen) beginnen Sie am Boden mit Schwarz und bei der Hälfte des Körpers setzen Sie mit Ultramarinblau an, ohne den Pinsel auszuwaschen. An der Dachspitze sollte das Häuschen am hellsten sein.

Danach sprühen Sie mit Weiß und einer alten Zahnbürste mit Ihrem Daumen Tupfen auf - einen Sternenhimmel.

Mond und Sterne werden Goldgelb angemalt und in der Mitte etwas mit Weiß aufgehellt. Die Katze, die Fledermaus, der Zaun und das Schild werden mit Schwarz bemalt. Mit etwas Weiß im trockenen Pinsel entstehen Lichter. Nach dem Beschriften des Schildes nageln Sie von hinten ein Stück Zweig auf und nageln alles auf den Kasten.

Biegen Sie ein Stück Draht über einem Stift in Spiralform und tackern Sie den Draht von hinten auf einen der Sterne. Das andere Ende des Drahtes tackern Sie an die Giebelspitze des Häuschens. Nageln Sie die Fledermaus über die Klammer. Alle anderen Teile werden nun mit Nägeln angebracht. Weiße Striche und Punkte werden mit wasserfesten Lackstiften gemalt. Mit einem stabilen Aufhänger an der rückwärtigen Giebelseite lässt sich das Häuschen an einem geschützten Ort befestigen.

Bitte Ruhe!

Willkommen...

Türhänger „Kürbis mit Katze und Vogel“

Farben: Goldgelb, Karminrot, Orange, Schwarz, Maigrün, schwarze und weiße Lackstifte

Material: Massivholzbrett, 140 mm breit (für Katzenkopf u. –schwanz), Leimholzbrett, 300 mm breit (für Kürbis)
Sperrholz, 4 mm (für Pfoten, Schildchen, Sonnenblumen, Blatt u. Vogel), 4 Stück 3,5 x 30 mm Schrauben, Steckdraht, 4-mm-Tackerklammern, Naturbast, Herbstliches Band, Nägel

Sägen Sie aus dem 14-cm-Brett den Katzenkopf und –schwanz aus. Der Kürbis ist aus dem Leimholzbrett. Die Kleinteile sind alle aus 4-mm-Sperrholz.

Katzenkopf, -schwanz, -pfoten und der Vogel werden schwarz. Das Blatt hat einen maigrünen Grund, mit etwas Goldgelb sind die Blattkammern hervorgehoben. Das Schildchen ist außen orange, in der Mitte maigrün.
Die Sonnenblumen malen Sie erst flächig in Orange, setzen dann die Blütenblätter in Goldgelb auf und malen schließlich die Mitte in Schwarz aus. Die drei Herzen des Vogels für Schnabel und zwei Füße malen Sie Goldgelb und schattieren sie in Orange. Das Gesicht der Katze und die Akzente der Einzelteile malen Sie am besten mit dem Lackstift.

Der Katzenkopf und die –pfoten sitzen vor dem Kürbis. Der Kopf wird von hinten mit zwei Schrauben befestigt, die Pfoten von vorne festgenagelt.
Der Schwanz wird von hinten auf den Kürbis geschraubt. Der Vogel kriegt Schnabel und Füße aufgeklebt und wird wie die anderen flexiblen Teile aufgedrahtet und mittels Draht mit der Rückseite des Kürbisses verbunden. Das Willkommensschildchen wird auf den Schwanz genagelt.

Durch die Bohrlöcher in Katzenkopf und –schwanz wird zum Aufhängen jeweils ein Drahtstück geschoben, spiralig gedreht und miteinander verbunden. Die Schleife sitzt über der Verbindungsstelle und wird mit der Heißklebepistole angebracht.

Deko-Vogelhäuschen „Happy Halloween“

Farben: Karminrot, Orange, Goldgelb, Schwarz, Weiß, Grau, Maigrün, schwarze u. weiße Lackstifte

Material: Massivholzbrett, ca. 120 mm breit, Dachlattenstücke, Rundstab, Durchmesser ca. 12 mm, Sperrholz, 4 mm (für Kürbis, Katze, Geister-Schild, Fledermaus), 12 Stück 3,5 x 30 mm Schrauben, 1 Stück 3,5/4 x 50 mm Schraube, Steckdraht, 4-mm-Tackerklammern, Naturbast, Sackrupfenband, Herbstliches Band, Nägel

Vorder- und Rückseite, Dach und Boden des Häuschens sind aus dem 12-cm-Brett; die Seitenteile bestehen aus 8 cm langen Dachlattenstücken. Die Vorderseite erhält ein Loch mit einem Durchmesser von 32 mm. Den Rundstab schneiden Sie mit der Gartenschere unten schräg ab, oben bohren ca. 2 cm tief vor. Verbinden Sie die maigrüne Bodenplatte mittels der 50-mm-Schraube mit dem Rundstab. Erst dann setzen Sie den grau bemalten Körper des Häuschens auf und schrauben ihn von unten durch die Bodenplatte fest. Befestigen Sie das orangefarbene Dach mit vier Schrauben auf dem Körper.

Die Katzenteile werden ganz schwarz bemalt, ebenso die Fledermaus, die Sie auf Draht ziehen, d. h., den Draht hinten an der Fledermaus antackern. Das andere Ende des Drahts tackern Sie vorne an die Giebelspitze. Die Tackerstelle wird von dem weißen Geist-Schildchen verdeckt, das darüber genagelt wird. Den Kürbis beginnen Sie mit Karminrot, die Rippen heben Sie mit Goldgelb hervor und die Übergänge verwischen Sie mit Orange. Den Strunk malen Sie in Maigrün. Nageln Sie den Kürbis direkt auf den Hauskörper. Details malen Sie auf allen Teilen mit den schwarzen und weißen Lackstiften. Den Katzenkörper setzen Sie auf den Boden und nageln den Schwanz am Dach fest. Der Katzenkopf wird an den Boden genagelt.

Dekorieren Sie das Häuschen nach Ihrem Geschmack mit einem schönen Band. Lassen Sie ein paar Bastreste aus dem Einflugloch rausschauen!

Happy Halloween!

Kürbis-Mann

Farben: Hellbraun, Apricot, Ultramarinblau, Maigrün, Schwarz, Weiß, Orange, Karminrot, Goldgelb, weiße u. schwarze Lackstifte

Material: Massivholzbrett, 140 mm breit, Leimholz, 200 mm breit (für Kürbis), Sperrholz, 4 mm (für Vogel u. Sonnenblumen), Naturbast, Steckdraht, 6 Holzschrauben, 35 x 30 mm, 2 Holzschrauben, 35 x 50 mm, Herbstliches Band (für Hosenträger u. Flicken), Sackrupfenrest (für Fliege), Tackerklammern, 4 mm, Nägel

Der Körper, Kopf und Hut des Männchens werden aus dem Massivholzbrett in einem Stück ausgesägt. Für die Krempe und die Arme sowie die Bodenplatte (30 cm lang) nehmen Sie auch das 14-cm-Brett, für den Kürbis nehmen Sie das Leimholz. Hut, Krempe und Boden des Männchens werden hellbraun. Das Gesicht und die Hände erhalten einen Apricot-Ton. Augen, Mund und Nase aufbringen. Das Hemd wird in Ultramarinblau grundiert, die Karos erreicht man durch einen trockenen Pinselstrich mit aufgehelltem Blau. Die Hose wird maigrün, die Schuhe schwarz. Der Kürbis wird in Rot flächig bemalt, die Rippen mit Gelb hervorgehoben, die Übergänge mit Orange abschattiert.

Die Schuhe erhalten durch die Bohrlöcher Schuhsenkel aus Bast. Von unten wird mit zwei langen Schrauben der Körper auf den Boden befestigt. Verbinden Sie die Schuhe von hinten durch die Beine mit je einer Schraube. Die Arme werden mit Draht durch die Bohrlöcher flexibel mit dem Körper verbunden. Mit zwei kurzen Schrauben wird der Kürbis von hinten vor dem Bauch befestigt. Baststücke werden kreuz und quer oberhalb des Gesichtes angetackert. Darüber wird anschließend die Krempe mit zwei Schrauben von hinten durch den Kopf des Kürbismanns fixiert.

Zum Schluss nageln Sie den Vogel von hinten an die Krempe; ein schönes Band markiert die Hosenträger und den Flicken. Zwei kleine Sonnenblumen spielen Knöpfe, eine größere verschönert den Hut.

Wer will, kann dem Kürbismann noch ein „Willkommen" auf die Hutkrempe schreiben.

Kürbis-Katze

Farben: Maigrün, Schwarz, Karminrot, Goldgelb, Orange, Hellbraun, Lackstifte in Schwarz, Weiß, Gelb

Material: Massivholzbrett, 120 mm breit, Leimholzbrett, 200 mm breit, Sperrholz, 4 mm (für Schnabel u. Sonnenblume), Dachlattenstück, Bast in Natur und Grün, 12 Stück 3,5 x 30 mm Schrauben, 4 Stück 3,5/4 x 50 mm Schrauben, Nägel

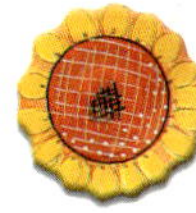

Die drei Teile der Katze und der Kürbis sind aus dem 20-cm-Leimholzbrett. Rabe, Schild und Boden (40 cm lang) sind aus einem 12-cm-Massivholzbrett, ein Stück hellbraun bemalte Dachlatte (55 cm lang) hält das Schild und den Raben.

Die drei Teile der Katze bemalen Sie in Schwarz. Danach setzen Sie in Orange die Ecken auf; hellen Sie manche mit etwas Goldgelb auf. Das Schild und der Boden werden maigrün. Der Rabe ist schwarz, sein Schnabel gelb; er wird mit zwei Nägeln am Kopf befestigt. Der Kürbis wird karminrot grundiert, mit Goldgelb entlang der typischen Kürbis-Rippen aufgehellt und die Übergänge werden mit Orange verwischt.

Verbinden Sie die zwei Körperteile der Katze mit je zwei 30-mm-Schrauben am Kopf. Von unten werden die zwei Teile mit je zwei 50-mm-Schrauben mit dem Boden verschraubt. Der Stab mit Schild und Rabe wird hinter dem Fuß und dem Kopf der Katze mit je einer Schraube befestigt. Der Kürbis wird von hinten am rechten Fuß der Katze mittels zweier 30-mm-Schrauben fixiert.

Schmücken Sie Katze, Kürbis und Raben nach Geschmack mit Bast. Die kleine Sonnenblume grundieren Sie komplett in Orange, anschließend malen Sie in Goldgelb kleine Blütenblätter, das Innere wird hellbraun. Striche, Punkte und andere Linien, Konturen, die individuelle Beschriftung und das Bienchen können mit den Lackstiften gemalt werden.

Türhänger mit Hexe

Farben: Karminrot, Goldgelb, Schwarz, Weiß, Orange, Maigrün, Braun, schwarze und weiße Lackstifte

Material: Massivholzbrett, ca. 140 mm breit, Massivholzbrett, ca. 120 mm breit, Dachlattenstücke, Sperrholz, 4 mm (für Hexe, Katze, Fledermaus, Kürbis), 5 Stück 3,5 x 30 mm Schrauben, Steckdraht, Naturbast, Herbstliches Band, Nägel

Der Körper des Häuschens besteht aus einen 14-cm-Brett, das Hereinspaziert-Schild aus einem 12-cm-Brett. Dach und Boden sind aus Dachlattenstücken.

Der Körper ist weiß, das Dach und das Schild sind orange, der Boden maigrün. Den Mantel der Hexe färben Sie mit Karminrot, das Sie mit Schwarz etwas abdunkeln, ein. Hut, Rabe und Schuhe und die Fledermaus werden schwarz. Die Besenborsten sind goldgelb, der Besenstiel braun. Den Kürbis fangen Sie mit Karminrot an und malen die Rippen in Goldgelb auf. Danach verwischen Sie die harten Übergänge mit etwas Orange mit einem trockenen Pinsel. Die Strümpfe malen Sie zuerst in Goldgelb und tragen nach dem Trocknen mit dem schwarzen Lackstift die Ringel auf. Auch die anderen weißen und schwarzen Akzente einschließlich die Beschriftung setzen Sie mit Lackstiften.

Den Kürbis nageln Sie direkt auf den Hauskörper. Die Hexe setzen Sie auf Boden und Dach und nageln sie fest. Den Katzenkopf befestigen Sie über Katzenkörper und Boden. Die Fledermaus kommt ans Hereinspaziert-Schild.

Verbinden Sie nun das Schild mit dem Häuschen mit gedrehtem Draht durch die Bohrlöcher. Zwei Drahtstücke am Dach des Häuschens können unterhalb der Schleife unsichtbar verbunden werden und dienen auch zur Aufhängung.

Hereinspaziert

Willkommen

Raben-Familie

Farben: Schwarz, Maigrün, Ultramarinblau, Goldgelb, Karminrot, Orange, Mittelbraun, Lackstifte in Schwarz, Weiß, Gelb

Material: Massivholzbrett, ca. 120 mm breit, Sperrholz, 4 mm (für Raben, Vogelhaus, Kürbis, Sonnenblume u. Gießkanne), Steckdraht, 4-mm-Tackerklammern, 8-mm-Tackerklammern, Naturbast, Herbstliches Band, Nägel

Das „Sitz“-Brett für die Raben ist 12 cm breit und 24 cm lang.

Die Körper und Teile des Kopfes der Raben werden schwarz, die Schnäbel goldgelb. Die Raben bestehen jeweils aus zwei Teilen, die mit Heißkleber und 8-mm-Tackernadeln zusammengefügt werden. Der linke Rabe wird durch seinen Schnabel vorne am Brett angenagelt. Der rechte Rabe hat zusätzlich noch ein Vogelhäuschen am Fuß, das ebenfalls angeklebt und getackert wird und – von vorne festgenagelt - die Verbindung des Raben zum Brett herstellt. Die kleinen Raben werden von hinten ans Brett genagelt.

Der Kürbis wird mit Karminrot flächig bemalt, mit Goldgelb werden die Rippen hervorgehoben, und die Übergänge werden mit Orange verwischt.
Die Sonnenblume wird erst in Orange grundiert, dann werden Blütenblätter in Goldgelb gemalt und zum Schluss das Innere mit Braun ausgefüllt.
Die Gießkanne wird flächig mit Maigrün bemalt, die Ränder mit etwas Braun abgedunkelt, das Innere mit etwas Goldgelb aufgehellt. Konturen und Lichter, Striche und Punkte setzen Sie am besten mit den Lackstiften.

Verbinden Sie Kürbis, Sonnenblume und Gießer mit gedrehtem Steckdraht, den Sie auf die Rückseite der Einzelteile tackern. Die rechten und linken Enden werden von hinten durch die Bohrlöcher im Brett geführt und spiralig gedreht. Am linken und rechten Raben werden durch die Bohrlöcher zwei Drähte gesteckt, spiralig gedreht und unterhalb der Bastschleife zusammengefügt. Die Bast- und die herbstliche Schleife lassen sich mit Heißkleber gut am Draht fixieren.

Nistkasten „Sonnenblume“

Farben: Goldgelb, Orange, Maigrün, Hellblau, Mittelbraun, schwarze und weiße Lackstifte

Material: Massivholzbretter, ca. 120 und 140 mm breit, Sperrholz, 8 mm (für Sonnenblume), Sperrholz, 4 mm (für Blatt, Gießkanne und Schildchen), Dachlattenstücke,
Zweigstück für Sonnenblumenstängel,
Halbierter (mit Winkelschleifer) Tontopf, Durchmesser 5 cm,
Bilderklappöse, ca. 20 Holzschrauben, 3,5 x 30 mm, Nägel

Die gleichen Maße wie der Bitte-Ruhe-Nistkasten hat dieses Häuschen. Der Körper wird hellblau, das Dach orange, der Boden maigrün. Bei der Sonnenblume (mit Einflugloch) bringen Sie zuerst flächig Goldgelb, mit etwas Braun abgedunkelt, auf. Nach dem Trocken goldgelbe Blütenblätter aufmalen. Anschließend malen Sie das Innere der Blume mit Mittelbraun aus. Konturen, Striche und Punkte werden mit Lackstiften angebracht. Beim Blumenblatt wird das Maigrün zuerst etwas mit Braun abgedunkelt und anschließend mit Maigrün die Blattkammern aufgemalt. Die Gießkanne wird in Maigrün begonnen und mit Gelb in der Mitte etwas aufgehellt. Bringen Sie die Sonnenblume über dem Einflugloch an. Ein Stück Zweig markiert den Stängel. Der halbe Blumentopf wird mit Heißkleber am Boden befestigt. Die Gießkanne und das Schild bringen Sie mit Nägeln am Giebel an.

An einer geschützten Stelle am Haus aufgehängt, in der Nähe ein naturnaher Garten mit Bäumen: das sind die Voraussetzungen dafür, das Ihr Nistkasten von Meisen angenommen wird. Denken Sie daran: Nach dem Ausfliegen der Jungvögel muss der Nistkasten gereinigt werden. Dazu ist der Riegel da, der an der Rückseite angebracht ist.

Nur Für Meisen!

Sonnenblume  mit Rabe

Farben: Goldgelb, Orange, Ultramarinblau, Schwarz, Maigrün, Hellbraun, Lackstifte in Schwarz, Weiß, Gelb

Material: Massivholzbrett, 140 mm breit, Leimholzbrett, 300 mm breit, Sperrholz, 8 mm (für Schnabel), Dachlattenstück, 8 Stück 3,5er x 30 mm Schrauben, Nägel, Naturbast

Der Rabe und das Hereinspaziert-Schild (30 cm lang, 8 cm breit) werden aus dem Massivholzbrett ausgesägt. Die Sonnenblume und das Blatt sind aus 30-cm-Leimholz.
Ein Dachlattenstück, ca. 160 cm lang, ergibt einen stabilen Stecker.

Der Rabe wird flächig schwarz, sein gelber Schnabel wird aufgenagelt.
Die Sonnenblume wird zunächst ganz mit Orange bemalt. Danach werden in Goldgelb die Blütenblätter aufgemalt, anschließend in Braun das Innere.
Das Schild erhält einen ultramarinblauen Anstrich. Die Dachlatte wird unten schräg abgesägt und maigrün bemalt. Das Blatt erhält einen an den Rändern etwas dunkler schattierten maigrünen Auftrag; die Blattkammern werden heller durch etwas Gelb im Maigrün. Bienchen, Striche, Punkte und Konturen entstehen per Lackstift, die Rabenfrisur mit Bast.

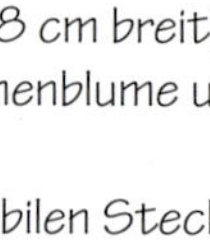

Nach dem Fertigstellen aller Einzelteile befestigen Sie von hinten die Latte, pro Teil benutzen Sie am besten zwei Schrauben.

Herein spaziert

Herbst-Girlande

Farben: Orange, Maigrün, Karminrot, Goldgelb, Braun, Schwarz

Material: Sperrholz, 4 mm, Steckdraht, Tackerklammern, 4 mm

Sägen Sie die Einzelteile nach Vorlage aus dem 4-mm-Sperrholz aus. Bei den Blättern legen Sie erst die Blattadern in Maigrün an. Die Blattkammern werden innen karminrot, nach außen hin goldgelb. Verwischen Sie mit einem trockenen Pinsel die Übergänge. Den Kürbis bemalen Sie flächig mit Karminrot. Mit Goldgelb legen Sie die typischen Rippen des Kürbisses fest. Die Übergänge zu den tiefen „Kerben“ in Karminrot verwischen Sie mit Orange. Die Apfelblätter werden maigrün. Die Äpfel beginnen Sie ebenfalls mit Karminrot, mit etwas Schwarz dunkeln Sie die Außenränder und die Umgebung vom braunen Stiel etwas ab. Mit Goldgelb können Sie die Rundung des Apfels betonen.

Verbinden Sie die Einzelteile mit spiralig gedrehtem Steckdraht, den Sie auf der Rückseite der Teile festtackern, und formen Sie am oberen Ende eine Öse zum Aufhängen.

Vogelscheuchen-Stecker

Farben: Maigrün, Schwarz, Weiß, Karminrot, Goldgelb, Orange, Apricot, schwarzer u. weißer Lackstift

Material: Massivholzbrett, 120 mm breit, Leimholzbrett, 200 mm breit, Dachlatte (für Stecker, Dach u. Boden), Sperrholz, 4 mm (für Vogelscheuche, Kürbisse, Vogelhäuschen), 9 Stück 3,5 x 30-mm-Schrauben, Nägel

Der Körper des Steckers ist aus einem 20-cm-Leimholzbrett, das Schild aus einem 12-cm-Massivholzbrett. Dach, Boden und Stab (Höhe ca. 1 m) bestehen aus einer Dachlatte.

Der Körper muss mit einem 32-mm-Loch versehen werden, anschließend wird er mit Weiß grundiert. Nach dem Trocknen werden mit trockenem Pinsel in waagerechter Richtung maigrüne Streifen aufgebracht, danach gleich orangefarbene senkrechte. Das Dach wird orange, der Boden grün.
Ein Tipp: Die Teile erst nach dem Bemalen zusammenschrauben.

Bemalen Sie den Hut der Vogelscheuche in Goldgelb, das Gesicht und Hände in Apricot, das Hemd in Orange, die Hose in Maigrün, Schuhe und Vögel werden schwarz. Die Kürbisse grundieren Sie in Karminrot, hellen mit Goldgelb die Rippen auf und verwischen die Übergänge mit Orange. Das kleine Vogelhäuschen halten Sie in Maigrün und Goldgelb. Beschriftung, Details, Striche, Punkte und Konturen erfolgen durch die Lackstifte. Die Kleinteile werden festgenagelt. Zum Schluss schrauben Sie das Hausteil und das orangefarbene Schild von hinten mit jeweils zwei Schrauben an die Dachlatte.

Die Höhe der Dachlatte können Sie variieren, je nachdem, ob Sie den Stecker in einen großen Blumentopf oder direkt in die Erde stecken wollen.

Willkommen
bei
familie Herbst

Steckmännchen

Farben: Orange, Maigrün, Karminrot, Goldgelb, Ultramarinblau, Schwarz, Lackstifte in Schwarz, Weiß und Gelb

Material: Massivholzbrett, 140 mm breit, Massivholzbrett, 120 mm breit, Gartenhandschuhe, Strohhut, ca. 18 cm Durchmesser, Naturbast, Schweißdraht oder Holz-Schaschlikspieße, 8-mm-Tackerklammern, Steckdraht

Der Kopf des Steckmännchens ist aus einem Massivholzbrett mit 14 cm Breite, das Schild und die Füße sind aus einem 12-cm-Brett ausgesägt.

Bemalen Sie den Kopf wie einen Kürbis, erst mit Karminrot, dann die Rippen Goldgelb, die Übergänge Orange. Für das Gesicht nehmen Sie die Lackstifte und für die Augen Ultramarinblau, die Nase wird maigrün. Das Schild wird mit Ultramarinblau bemalt.

Der Kopf bekommt ein paar Bastfäden als Haare auf den Scheitel geklebt, der Hut wird darüber festgetackert. Versehen Sie den Kopf unten mit zwei nebeneinanderliegenden, ca. 3 cm tiefen Bohrlöchern, in die der Schweißdraht oder die Schaschlikspieße hineinpassen müssen. Kleben Sie je ein rund 10 cm langes Schweißdrahtstück oder zwei Spieße mit der Heißklebepistole in die Löcher. Das Schild und die schwarzen Schuhe werden mit Steckdraht, der spiralig gedreht wird, verbunden. Das Schild erhält auf der Rückseite zwei ca. 1 cm tiefe nebeneinanderliegende Bohrlöcher, die ebenfalls mit zwei Schweißdrahtstücken oder Spießen versehen werden.

Die zwei Handschuhe polstern Sie mit Bastresten ein bisschen aus und tackern Sie rechts und links ans Schild.

Mit dem Schweißdraht oder den Spießen können Sie nun aus jedem Kürbis einen Kürbismann machen!

Hallo!

Vielseidig Verlag

Weitere Bücher für Holz

Holzstecker
Laubsägearbeiten
für Haus & Hof
ISBN 3-930529-10-6
Best.Nr. 29106

Zauberhaftes Holz
15 bezaubernde Motive für
Laubsägearbeiten
ISBN 3-930529-32-7
Best.Nr. 29327

Laubanger 19b 96052 Bamberg **Vielseidig Verlag** GmbH Tel. 0951/ 6 89 97
Fax. 0951/ 60 32 99